新 HSK（三级）
高分实战试卷
4

刘 云 主编

图书在版编目(CIP)数据

新 HSK(三级)高分实战试卷 4 / 刘云主编. —北京:北京大学出版社,2012.6
(北大版新 HSK 应试辅导丛书)
ISBN 978-7-301-20713-0

Ⅰ. 新…　Ⅱ. 刘…　Ⅲ. 汉语—对外汉语教学—水平考试—习题集　Ⅳ. H195-44

中国版本图书馆 CIP 数据核字(2012)第 111833 号

书　　名：	新 HSK(三级)高分实战试卷 4
著作责任者：	刘　云　主编
责 任 编 辑：	贾鸿杰　欧慧英
标 准 书 号：	ISBN 978-7-301-20713-0/H・3062
出 版 发 行：	北京大学出版社
地　　　址：	北京市海淀区成府路 205 号　100871
网　　　址：	http://www.pup.cn
电 子 邮 箱：	zpup@pup.pku.edu.cn
电　　　话：	邮购部 62752015　发行部 62750672　编辑部 62752028 出版部 62754962
印 　刷　 者：	三河市博文印刷厂
经 　销　 者：	新华书店
	787 毫米×1092 毫米　16 开本　1.75 印张　30 千字
	2012 年 6 月第 1 版　2012 年 6 月第 1 次印刷
定　　　价：	10.00 元

未经许可,不得以任何方式复制或抄袭本书之部分或全部内容。
版权所有,侵权必究　　举报电话：010 - 62752024
　　　　　　　　　　　电子邮箱：fd@pup.pku.edu.cn

目 录

一、听　力 ………………………………………………………… 1

二、阅　读 ………………………………………………………… 6

三、书　写 ………………………………………………………… 12

听力材料 …………………………………………………………… 14

答　案 ……………………………………………………………… 21

新汉语水平考试
HSK(三级)

注　　意

一、HSK(三级)分三部分：

　　1. 听力(40题，约35分钟)

　　2. 阅读(30题，30分钟)

　　3. 书写(10题，15分钟)

二、**听力结束后，有5分钟填写答题卡。**

三、全部考试约90分钟(含考生填写个人信息时间5分钟)。

中国　北京　　　　　　　　　　XXXX/XXXXXX　编制

一、听 力

（听力内容请登录 http://www.pup.cn/dl/newsmore.cfm?sSnom=d203 下载）

第一部分

第 1-5 题

A.
B.
C.
D.
E.
F.

例如：男：喂，请问张经理在吗？
女：他正在开会，您半个小时以后再打，好吗？   D

1.
2.
3.
4.
5.

第 6 – 10 题

A

B

C

D

E

6.

7.

8.

9.

10.

— 2 —

第 二 部 分

第 11－20 题

例如：为了让自己更健康，他每天都花一个小时去锻炼身体。
　　　★ 他希望自己很健康。　　　　　　　　　　　　　　（ ✓ ）

　　　今天我想早点儿回家。看了看手表，才 5 点。过了一会儿再看表，还是 5
点，我这才发现我的手表不走了。
　　　★ 那块儿手表不是他的。　　　　　　　　　　　　　（ ✗ ）

11. ★ 他们想去晨光希望小学。　　　　　　　　　　　　　（　　）

12. ★ 一走进公园，就能看到漂亮的花。　　　　　　　　　（　　）

13. ★ 李阳一个星期回家一两次。　　　　　　　　　　　　（　　）

14. ★ 今天他没有去爬山。　　　　　　　　　　　　　　　（　　）

15. ★ 刘洋在介绍自己。　　　　　　　　　　　　　　　　（　　）

16. ★ 这个包是旧的。　　　　　　　　　　　　　　　　　（　　）

17. ★ 这个小女孩儿学习不好。　　　　　　　　　　　　　（　　）

18. ★ 张阿姨想请人帮忙。　　　　　　　　　　　　　　　（　　）

19. ★ 她家住在五楼。　　　　　　　　　　　　　　　　　（　　）

20. ★ 他现在在图书馆。　　　　　　　　　　　　　　　　（　　）

第 三 部 分

第 21－30 题

例如：男：小王，帮我开一下门，好吗？谢谢！
　　　女：没问题。您去超市了？买了这么多东西。
　　　问：男的想让小王做什么？
　　　　　A 开门 ✓　　　　　　B 拿东西　　　　　　C 去超市买东西

21. A 还在上学　　　　　B 是名经理　　　　　C 想找工作

22. A 感冒药　　　　　　B 冷果汁　　　　　　C 温牛奶

23. A 师生　　　　　　　B 同事　　　　　　　C 同学

24. A 公园　　　　　　　B 家里　　　　　　　C 动物园

25. A 他们是邻居　　　　B 他们是母子　　　　C 男的工作了

26. A 8 点 10 分　　　　B 8 点半　　　　　　C 9 点 20 分

27. A 找人　　　　　　　B 换工作　　　　　　C 去北京

28. A 不会骑车　　　　　B 不想看电影　　　　C 不参加舞会

29. A 有孩子　　　　　　B 想换手机　　　　　C 有个哥哥

30. A 天气太热　　　　　B 要写作业　　　　　C 要演电视

第 四 部 分

第 31－40 题

例如：女：晚饭做好了，准备吃饭了。
　　　男：等一会儿，比赛还有三分钟就结束了。
　　　女：快点儿吧，一起吃，菜冷了就不好吃了。
　　　男：你先吃，我马上就看完了。
　　　问：男的在做什么？
　　　　　A 洗澡　　　　　　B 吃饭　　　　　　C 看电视 ✓

31. A 张阿姨家的　　　B 女的家的　　　C 张玲家的

32. A 找书　　　　　　B 上课　　　　　　C 看新闻

33. A 女的画得不像　　B 小猫生病了　　　C 他们在动物园

34. A 照相　　　　　　B 交钱　　　　　　C 卖东西

35. A 学校　　　　　　B 公司　　　　　　C 医院

36. A 男的　　　　　　B 张娜　　　　　　C 小文

37. A 上网　　　　　　B 买果汁　　　　　C 买水果

38. A 很好看　　　　　B 太贵了　　　　　C 颜色难看

39. A 公司里　　　　　B 出租车里　　　　C 新新广场

40. A 朋友　　　　　　B 母子　　　　　　C 师生

二、阅 读

第一部分

第 41－45 题

A 在这儿做电梯上到九楼，903 室就是她家。

B 你和其他人去吧，我还要回家看孩子呢。

C 不是，每个星期三才会有人来打扫。

D 我昨天晚上 10 点才下班回来，那时候超市关门了，所以就没买。

E 当然。我们先坐公共汽车，然后换地铁。

F 是真的，你今晚记得看我的表演啊。

例如：你知道怎么去那儿吗？　　　　　　　　　　　　　　（ E ）

41. 哥哥，昨天妈妈让你买的鸡蛋呢？你放哪儿了？　　　　（　）

42. 你知道小丽家是哪个房间吗？　　　　　　　　　　　　（　）

43. 听说今晚你要在电视上表演节目，这是真的吗？　　　　（　）

44. 这条街真干净！应该每天都有人打扫吧？　　　　　　　（　）

45. 这个问题解决了，今晚我们一起去吃个饭怎么样？　　　（　）

第 46－50 题

A 请问这是王经理的办公室吗？

B 你真的打算不告诉你爸妈吗？这可不是一件小事。

C 李老师,这个句子是什么意思？您能给我讲一下吗？

D 时间过得真快,我们都结婚 13 年了。

E 我奶奶病了,我想回家。

46．是啊,我们的女儿都 10 岁了！ （ ）

47．我都是大人了,不用什么事都告诉他们,这件事我自己可以解决。（ ）

48．你不要哭,出什么事了吗？ （ ）

49．不是,王经理的办公室在那边。 （ ）

50．好的,没问题,你说的是这句吗？ （ ）

第二部分

第51－55题

A 空调　　B 疼　　C 久　　D 结婚　　E 声音　　F 经过

例如：她说话的（ E ）多好听啊！

51. 对不起，我来晚了，你等很（　　）了吧？

52. 你家的这个（　　）真漂亮，是在北国商厦买的吗？

53. 从花园（　　）的时候，我看见了一只小狗。

54. 我的脚很（　　），我们还是休息一会儿再走吧。

55. 我还没（　　）呢，但我的一个中学同学都有小孩儿了。

第 56-60 题

A 菜单　　B 关于　　C 坏　　D 爱好　　E 口　　F 迟到

例如：A：你有什么（ D ）？
　　　B：我喜欢体育。

56. A：你家里是有三（　）人吗？
　　 B：是的，我爸爸、妈妈还有我。

57. A：家里的电视机（　）了，你明天找人来看看吧。
　　 B：知道了，今天下午我就找人去看看是怎么回事。

58. A：张强，你今天怎么又（　）了？
　　 B：对不起老师，我今天起晚了。

59. A：你说这个问题我们该怎么解决？
　　 B：（　）这个问题的解决方法，我想到了两个。

60. A：你好，这是我们店的（　），请点菜。
　　 B：谢谢，我先看一下再点。

第三部分

第 61-70 题

例如：您是来参加今天会议的吗？您来早了一点儿，现在才 8 点半。您先进来坐吧。

　　★ 会议最可能几点开始？

　　　A 8 点　　　　　B 8 点半　　　　　C 9 点 ✓

61. 小明，这次旅游爸爸妈妈不能和你一起去，你自己坐火车去北京吧，路上小心点儿，注意不要生病了。还有我在你包里放了点儿常用药。

　　★ 小明：

　　　A 经常生病　　　B 要去北京　　　C 没坐过火车

62. 张阿姨的女儿长得漂亮，从小就学习好，大人们都很喜欢她，现在她又考上了清华大学，真是一件让人高兴的事情。

　　★ 关于张阿姨的女儿，可以知道什么？

　　　A 不爱学习　　　B 长得好看　　　C 在读大学

63. 这两天一直在下雨，街上的人都少了，来公园玩儿的人就更少了！希望天气快点儿好起来，这样我就能带着我家的小狗到公园去玩儿了。

　　★ 根据这段话，可以知道这两天：

　　　A 很热　　　　　B 没有太阳　　　C 没人到公园去

64. 我们学校的图书馆从星期一到星期五都是上午 8 点开门，晚上 10 点关门，但是星期六和星期日是从上午 8 点开到下午 6 点，晚上就不开门了。

　　★ 星期六学生们不能什么时候去图书馆？

　　　A 上午 11 点半　　B 下午 5 点 20　　C 晚上 8 点

65. 这些钱王红不想花在买房子上,她想都用在学习上,这样自己就可以多学些对以后工作有帮助的东西。

    ★ 王红希望用这些钱:

    A 买房子　　　　　B 开公司　　　　　C 学东西

66. 张亮,你一会儿开车去医院看看儿子,我正在开会,晚点儿再过去,昨天儿子说他想吃香蕉,你去的时候记得给他买点儿。

    ★ 根据这段话,可以知道张亮:

    A 是医生　　　　　B 在开会　　　　　C 会开车

67. 很多人都不喜欢冬天,因为冬天很冷。但是小杰却很喜欢,因为冬天经常下雪,下雪天他就可以和朋友们一起到楼下玩儿雪球了。

    ★ 根据这段话,小杰:

    A 朋友很少　　　　B 爱玩儿雪　　　　C 不喜欢夏天

68. 王明是一个聪明的孩子,每次同学们遇到不会的问题都会去找他,他能很快想出两个以上的解决办法,同学们都叫他"智慧树"。

    ★ 王明:

    A 学习很好　　　　B 爱帮助人　　　　C 常做错事

69. 李艳,你们班这次考了年级第一,你和大家讲讲你的教学方法,让大家都学习学习,这样其他班的学生也能有很大进步。

    ★ 李艳可能是做什么的?

    A 老师　　　　　　B 学生　　　　　　C 医生

70. 妈妈,晚饭什么时候能做好啊?我都看了半个小时的电视了,就快把这个大面包吃完了。

    ★ 根据这段话,可以知道,"我":

    A 饿了　　　　　　B 会做饭　　　　　C 想看电视

三、书 写

第 一 部 分

第 71-75 题

例如：小船　　上　　一　　河　　条　　有

　　　河上有一条小船。

71. 太阳　　有　　日子　　的　　真好

72. 文化　　玛丽　　喜欢　　很　　中国　　的

73. 上网　　小孩子　　经常　　不能

74. 真　　王娜　　的　　好听　　声音　　啊

75. 容易的　　普通话　　把　　不是　　说好　　一件　　事

第二部分

第 76-80 题

例如：没（关 guān）系，别难过，高兴点儿。

76. 你好，总共是 17 元 6（　jiǎo　），请到那边拿东西。

77. 今天天气不好，从早上到晚上一直在刮（　fēng　）。

78. 你会看地（　tú　）吗？不要把我们带错了地方。

79. 这张画儿表（　shì　）学生们已经明白老师的意思了。

80. 我们谁都没有想到，30 年后，这个地方的（　biàn　）化会这么大。

听力材料

(音乐,30秒,渐弱)

大家好!欢迎参加 HSK(三级)考试。
大家好!欢迎参加 HSK(三级)考试。
大家好!欢迎参加 HSK(三级)考试。

HSK(三级)听力考试分四部分,共 40 题。
请大家注意,听力考试现在开始。

第一部分

一共 10 个题,每题听两次。

例如:男:喂,请问张经理在吗?
　　　女:他正在开会,您半个小时以后再打,好吗?

现在开始第 1 到 5 题:

1. 女:坐在那里看书的女孩儿是谁呀?
   男:她是我姐姐,上个星期刚从美国回来。

2. 女:爸爸,你做的饭真好吃,你看我都已经吃完了。
   男:你喜欢吃,那爸爸明天再给你做。

3. 男:赵静,谢谢你请我吃饭。
   女:你太客气了,今天是你的生日,祝你生日快乐!来,喝一杯吧!

4. 女:哥哥,你看,这是我们母亲节那天和妈妈一起照的照片!
   男:这么快就洗出来了?拿过来让我看看。

5. 男:看见爸爸妈妈了吗?门外有人找他们。
   女:我看见爸妈在外面跳舞呢,我去叫他们。

现在开始第 6 到 10 题：

6. 男：妈妈，爸爸的电话，他说找你有事。
   女：知道了，我在洗衣服，告诉他我洗完之后就给他打回去。

7. 男：那位大眼睛的女孩儿是我姐姐的同学。
   女：她真漂亮，在学校一定有很多男孩儿喜欢她吧？

8. 男：小红，女儿呢？她怎么不过来吃饭啊？
   女：她自己在吃西瓜呢，等一会儿我再叫她来吃饭。

9. 男：医生，我妈妈她没事儿吧？
   女：她没事儿，回家多休息休息就行了。

10. 男：你平时下课后喜欢做什么呀？
    女：我喜欢唱歌，有时会和同学一起去唱歌。

第二部分

一共 10 个题，每题听两次。

例如：为了让自己更健康，他每天都花一个小时去锻炼身体。
　　★ 他希望自己很健康。

　　今天我想早点儿回家。看了看手表，才 5 点。过了一会儿再看表，还是 5 点，我这才发现我的手表不走了。
　　★ 那块儿手表不是他的。

现在开始第 11 题：

11. 从地图上看，我们现在在这个城市的中心，要想到晨光希望小学的话，我们需要从这里坐 328 路车，然后到学知路坐 473 路车。
　　★ 他们想去晨光希望小学。

12. 一走进这个公园,就能看见很多绿色的树,再走五六分钟,就能看到很多红色的花,漂亮极了。
    ★ 一走进公园,就能看到漂亮的花。

13. 虽然李阳工作的地方离家不远,但是因为工作太忙,他每个月才回家一两次。
    ★ 李阳一个星期回家一两次。

14. 今天天气这么好,如果不用在家里写作业,能到香山公园去爬山就太好了。
    ★ 今天他没有去爬山。

15. 大家好,我叫刘洋,我家有三口人,爸爸、妈妈和我。五年前,爸爸从上海来到北京工作,两年前,我和妈妈也来到了北京。现在我在北京四中读高中,希望我能和大家成为好朋友。
    ★ 刘洋在介绍自己。

16. 我觉得这个包如果颜色再旧点儿会更好看,我不喜欢这样的颜色,我看我们还是再到其他的店看看吧。
    ★ 这个包是旧的。

17. 这个小女孩儿可真不简单,她前几年参加过很多国家级的比赛,还得过三次第一名,我们都应该向她学习。
    ★ 这个小女孩儿学习不好。

18. 邻居张阿姨每天工作都很累,下了班还要照顾生病的妈妈和她的三个孩子。邻居们都想帮她一把,但是她总说,自己的事情要自己做。
    ★ 张阿姨想请人帮忙。

19. 叔叔,这个行李箱太重了,我搬不动,我爸妈又没在家,您能帮我把它搬到502室去吗?
    ★ 她家住在五楼。

20. 那本书一个小时前被人借走了,你来晚了。要不你进去看看有没有其他的书想借,等那本书还回来了,你再借去看吧。

★ 他现在在图书馆。

第三部分

一共 10 个题,每题听两次。

例如:男:小王,帮我开一下门,好吗?谢谢!
　　　女:没问题。您去超市了?买了这么多东西。
　　　问:男的想让小王做什么?

现在开始第 21 题:

21. 女:别看李红这么年轻,她已经是一个公司的经理了。
　　 男:是吗?你要不说,我还以为她是一名大学生呢!
　　 问:关于李红,可以知道什么?

22. 男:妈妈,我想喝一杯凉果汁。
　　 女:昨天医生不是说不让你吃凉的东西吗?妈妈现在去厨房给你拿杯温牛奶吧。
　　 问:女的希望男的喝什么?

23. 男:王老师,李校长在找你,让你去她办公室一下。
　　 女:知道了,刘老师,谢谢你啊!
　　 问:他们是什么关系?

24. 男:妈妈,你快看熊猫妈妈在喂小熊猫吃饭呢!
　　 女:是啊,每一个妈妈都很爱自己的孩子。走,我们也回家吃饭吧。
　　 问:他们现在可能在哪儿?

25. 男：小姨，你什么时候到的？也不早点儿和我说一声，我好开车去接你。
    女：你工作那么忙，你妈妈去车站接我了。
    问：根据对话，可以知道什么？

26. 女：快点儿，都8点半了，超市9点就要关门了。
    男：你的手表不是快了20分钟吗？我们还有时间，不要这么急。
    问：现在几点了？

27. 女：你好，我想找一下王经理。
    男：对不起，王经理三天前就去北京了，下个星期才能回来。
    问：女的想做什么？

28. 男：明天晚上我们学校有一个舞会，你骑车过来玩儿吧。
    女：可是我明晚要和小静一起去看电影。
    问：女的是什么意思？

29. 男：妈妈，我的手机坏了，想换个新的。
    女：以后再买吧，先用你哥哥的那部旧手机。
    问：关于女的，可以知道什么？

30. 男：李兰，这几天怎么没见你出来玩儿呀？自己在家里做什么呢？
    女：这几天这么热，我天天在家看电视，吃西瓜，连作业都不想写了。
    问：这几天李兰为什么没有出来玩儿？

第四部分

一共10个题，每题听两次。

例如：女：晚饭做好了，准备吃饭了。
    男：等一会儿，比赛还有三分钟就结束了。
    女：快点儿吧，一起吃，菜冷了就不好吃了。
    男：你先吃，我马上就看完了。
    问：男的在做什么？

现在开始第 31 题：

31. 男：花园里的那只小猫是邻居张阿姨家的小白吗？
    女：不是，那是今天张玲送我的。从今天起，它就是我家的了。
    男：是吗？太好了！你给它起名字了吗？
    女：早就起好了，它叫阳阳。
    问：阳阳现在是谁家的猫？

32. 男：现在6点50了，十分钟后，记得叫我看新闻。
    女：还有几分钟就到了，你还要干什么呀？
    男：我先把明天上课要用的书找出来。
    女：那你先去找吧，一会儿新闻到了我叫你。
    问：男的现在要做什么？

33. 男：你昨天和你妈妈去动物园了吗？
    女：去了，我还画了一张画儿呢。你看！
    男：这是猫吗？画得真好！
    女：不是，它比猫大很多，下次我们一起去动物园看吧。
    问：根据对话，可以知道什么？

34. 男：小姐，你能帮我介绍一下这个照相机吗？
    女：没问题。这个照相机很漂亮，照出来的照片也很清楚，而且也不贵。
    男：那我就要这个吧。
    女：好的，请到这边交钱。
    问：女的正在做什么？

35. 女：医生，我女儿今天下午突然头疼，您快给她看看吧！
    男：不要急，我先看看。
    女：好，我要做什么吗？
    男：你坐那边等着就行了，不要担心，不会有事儿的。
    问：他们现在可能在哪儿？

36. 男：我明天要回家,你能把你的行李箱借我用用吗?
    女：真不好意思,昨天张娜刚借走,她要去上海旅游。
    男：没关系,我再找其他人借吧。
    女：我记得小文有一个,你可以找她借一下。
    问：谁借走了女的的行李箱?

37. 女：你今天怎么没有在家上网啊?
    男：我妈妈叫我出来买果汁。你要去做什么?
    女：我要去商店买水果。
    男：那我们一起走吧。
    问：女的想要做什么?

38. 女：你看这个帽子怎么样?漂亮吗?
    男：很漂亮,要不我们就买这个吧。
    女：等一下,这个太贵了,我们再去其他家看看。
    男：没事儿,贵一点儿不是问题,只要好看就行!
    问：男的觉得这个帽子怎么样?

39. 女：司机,您能不能开快一点儿?
    男：小姐,现在是下班时间,路上车这么多,不能开太快了。
    女：可我要参加7点的晚会,快迟到了。
    男：现在才6点20,15分钟就能到新新广场了,你不用担心。
    问：女的现在在哪儿?

40. 女：李刚,把你的手机借我打个电话,我手机没电了。
    男：没问题,给你!
    女：我想给我妈妈打个电话,告诉她明天早点儿来这里看我。
    男：我来学校半个月了,我妈妈都没说要来看我。
    问：他们可能是什么关系?

听力考试现在结束。

答 案

一、听 力

第一部分

1. F	2. C	3. E	4. B	5. A
6. D	7. B	8. E	9. A	10. C

第二部分

11. √	12. ×	13. ×	14. √	15. √
16. ×	17. ×	18. ×	19. √	20. √

第三部分

21. B	22. C	23. B	24. C	25. C
26. A	27. A	28. C	29. A	30. A

第四部分

31. B	32. A	33. A	34. C	35. C
36. B	37. C	38. A	39. B	40. A

二、阅 读

第一部分

41. D	42. A	43. F	44. C	45. B
46. D	47. B	48. E	49. A	50. C

第二部分

51. C	52. A	53. F	54. B	55. D
56. E	57. C	58. F	59. B	60. A

第三部分

61. B	62. B	63. B	64. C	65. C
66. C	67. B	68. B	69. A	70. A

三、书 写

第一部分

71. 有太阳的日子真好！
72. 玛丽很喜欢中国的文化。
73. 小孩子不能经常上网。
74. 王娜的声音真好听啊！
75. 把普通话说好不是一件容易的事。

第二部分

76. 角
77. 风
78. 图
79. 示
80. 变